Contes et légendes de Bruz et de Chartres-de-Bretagne

recueillis par Adolphe Orain
et Paul Sébillot

« Mon Dieu, mon Dieu, quand j'irons-ti dans le paradis ? »

Une vieille bigote de la paroisse de Bruz s'en allait tous les soirs à l'église, se prosternant la face contre terre, et terminait chaque fois sa prière en répétant à haute voix :

« Mon Dieu, Mon Dieu, quand j'irons-ti dans le paradis ? »

Le bedeau chargé de fermer les portes du Saint-Lieu fut obligé à plusieurs reprises d'inviter la fille à s'en aller; mais elle y mettait tant de mauvaise volonté que le pauvre homme trouvait souvent sa soupe froide en rentrant au logis.

Pour se venger, il résolut de jouer un tour à la vieille, et pour cela il se concerta avec le sonneur de cloches.

Un soir que la bonne femme répétait encore : « Mon Dieu, Mon Dieu, quand j'irons-ti dans le paradis ? » les hommes qui étaient montés dans le clocher répondirent : « Demain, ma fille ».

La vieille se leva, rayonnante de joie, et courut bien vite dans le village annoncer la bonne nouvelle à ses voisines.

– Venez demain matin chez moi, leur dit-elle, pour vous partager tout mon mobilier.

Le lendemain soir, elle se rendit à l'église où le bedeau et les sonneurs avaient attaché à l'extrémité d'une corde traversant la nef, un callebasson (sorte de grand panier profond) dans lequel on l'invita à monter.

– Faut-il garder mes sabots ? cria-t-elle.

– Oui, gardez tout, répondit le bon Dieu.

Elle s'installa commodément dans son panier et cria : « Tirez à vous ! »

L'ascension s'opéra aussitôt; mais une fois que la vieille fut arrivée à la nef, ils lâchèrent la corde et la fille descendit plus vite qu'elle n'était montée.

Furieuse, elle sortit de son panier en disant : « Je ne l'aurais jamais cru, *mains* il y a des mauvaises gens dans le ciel comme sur la terre. » Et elle s'en retourna dans son village réclamer tout ce qu'elle avait donné le matin à ses voisines. Celles-ci lui répondirent : « Ma fille, fallait rester dans le paradis; tout ce que tu nous as donné est ben à nous. »

Conté par Fine Daniel,
fermière à Bruz.

Saint Pierre et le meunier de Chancor

Les meuniers n'ont point, à l'heure qu'il est, une très bonne réputation ; et au temps jadis, ils passaient, à tort ou à raison, pour être tant soit peu fripons.

Aussi quand le père Limel, du moulin de Chancor, fut mort et qu'il alla à la porte du Paradis, saint Pierre lui dit : « Tu t'es trompé de chemin, mon bonhomme, les meuniers n'entrent point dans le ciel. »

– Vous me laisserez toujours *ben* (bien) regarder ce qui s'y passe ?

– A quoi bon ? répondit le portier, ça te fera regretter davantage d'avoir trompé tes pratiques pendant ta vie.

– N'importe, j'aurai toujours vu la demeure des bienheureux.

Saint Pierre en voyant l'entêtement du meunier, entrouvrit la porte, et le père Limel y *mussa* (glissa) la tête.

Le fit-il exprès ou bien le hasard fut-il son complice ? Ce qu'il y a de certain, c'est que son bonnet tomba dans le ciel.

– Mon doux Jésus ! s'écria-t-il, mon *bounet qu'a chai* dans le paradis. Oh ! un *bounet* tout neuf, couvert de fine fleur de farine de froment. *Laissez-ma* (laissez moi) aller le chercher, je vous en prie.

Le pauvre homme avait l'air si désolé de la perte de son couvre-chef, que le saint en eut pitié.

– Va le chercher et dépêche-toi, lui dit-il.

Limel ne se le fit point dire deux fois, il s'élança dans le paradis, et, d'un coup de pied, envoya son bonnet le plus loin qu'il put, courut après et alla s'asseoir dessus.

Saint Pierre eut beau l'appeler, il ne répondit pas. Les saints eux-mêmes, dont il gênait le passage, lui dirent de se ranger de leur place.

– Je n'occupe la place de personne, puisque je suis seulement assis sur mon bonnet.

Tout à coup, la porte du paradis s'ouvrit, et l'on entendit crier :

– A quinze francs les trois moulins, personne ne dit mot ? à quinze francs les trois moulins, une fois, deux fois ? quinze francs ?

– Arrêtez, arrêtez, cria le meunier, c'est tout de même trop bon marché, je mets une surenchère, et il sortit du paradis.

Saint Pierre, qui venait de lui jouer un tour de sa façon, ferma aussitôt la porte à double tour et dit au bonhomme :

Je t'avais bien dit que les meuniers n'avaient point de place dans le ciel.

Conté par Fine Daniel,
cultivatrice au Houx en Bruz.

L'enfant vendu au diable

On raconte, à Bruz, qu'un batelier du village de Pierrefitte, dont la femme venait d'accoucher d'une fille, passa un pacte avec le diable. Il promit à Satan de lui livrer son enfant lorsqu'elle aurait sept ans, si, à cette époque, sa fortune était faite.

Le batelier et sa femme, qui avaient toujours été misérables, étonnèrent leurs voisins par le changement de vie qui s'opéra dans leur ménage du jour au lendemain. Ils vivaient maintenant comme des rentiers, avaient pris une domestique pour les servir, et achetaient des terres.

Les bonnes femmes du village remarquèrent, par exemple, une chose étrange chez la petite fille. Chaque fois que sa mère la laissait seule à la maison, elle la trouvait, en rentrant, blottie sous son berceau. Plus tard, quand quelqu'un entrait chez ses parents, elle allait bien vite se cacher au même endroit.

L'époque fatale arriva. La servante du batelier à laquelle on avait confié l'enfant s'absenta un instant seulement, et, à son retour, elle trouva la petite fille étranglée. Personne n'avait été vu dans la maison où rien, d'ailleurs, n'était dérangé.

Le père, en apprenant cet événement, se souvint du marché qu'il avait conclu avec le diable, et eut un tel chagrin de la perte de sa fille, qu'il en mourut.

A partir de ce jour, personne ne voulut habiter la maison du batelier, qui prit le nom de maison du diable. Elle ne tarda pas à tomber en ruines et, aujourd'hui, elle a disparu.

Conté par le père Patard,
âgé de 65 ans,
fermier à la Croix-Madame,
commune de Bruz.

Le chien noir

La mère Valentin, fermière aux Noyers, dans la commune d'Orgères, me fit un jour le récit suivant :

Une femme étant en mal d'enfant, au village de la Haie-de-Chartres, on envoya, la nuit, un tailleur appelé Favrais, chercher une sage-femme qui habitait la Grenadière, dans la paroisse de Bruz.

En marchant, Favrais s'aperçut qu'un tout petit chien noir le suivait. Bientôt l'animal le devança, marchant devant lui au point de l'empêcher d'avancer, tournant tout autour de sa personne, faisant mille farces.

Aux échaliers des chemins, le chien chercha plusieurs fois à jeter le tailleur par terre, puis, soudain, apparut â l'homme d'une grosseur démesurée.

L'infortuné couturier fut pris d'une peur affreuse et se mit à courir comme un insensé.

Quand il arriva chez la mère Drouin, – c'était le nom de la sage-femme, – il n'avait plus figure humaine.

Il raconta ce qui lui était arrivé et dit â la vieille : « Venez voir, dans la cour, le chien noir qui me suit depuis chez moi. »

La sage-femme sortit de chez elle, mais ne vit rien. Elle supposa que le bonhomme avait bu un coup et fait un mauvais rêve.

– Partons, dit-elle, puisqu'on m'attend.

Elle n'eut pas fait un quart de lieue qu'elle partagea la frayeur du tailleur : le temps était calme, les étoiles brillaient au ciel, pas un souffle d'air ne venait effleurer leur visage, et cependant les buissons frissonnaient, les arbres gémissaient, et un bruit étrange semblait les poursuivre.

Lorsqu'ils arrivèrent â la Haie-de-Chartres une voix leur dit : « Ne vous pressez pas vous avez le temps ». Et cependant personne n'était près d'eux.

La sage-femme entra dans la maison, où la malade était au plus mal ; si elle avait seulement tardé de dix minutes, elle eut trouvé morts la mère et l'enfant. La délivrance eut lieu fort heureusement et un garçon vit le jour.

Au même instant, par la fenêtre donnant sur le courtil, et laissée ouverte, on entendit les branches d'un cerisier craquer, se briser et tomber par terre.

C'était, à n'en pas douter, le diable caché dans l'arbre, qui manifestait â sa façon son mécontentement de n'avoir pu empêcher la mort de deux créatures humaines.

Le cheval géant

Le père Boursin, charretier, était autrefois au service d'un nommé Hervé qui habitait le village de la Rivière-Bizé, dans la commune de Bruz.

Ce serviteur, un matin de novembre, alla chercher pour les conduire au travail, les trois chevaux de son maître qui avaient passé la nuit dans une pâture. Arrivé à l'échalier du champ, Boursin vit les trois chevaux qui l'attendaient. Il les attacha les uns aux autres par la queue, et monta sur le premier qui avait l'habitude de le porter. « Je ne croyais pas ce cheval si grand », pensa-t-il en lui-même, car il lui avait fallu grimper sur le haut de la barrière pour pouvoir enfourcher la bête.

La pluie était tombée les jours précédents, et dans le chemin creux qu'ils suivaient pour rentrer au village, les chevaux avaient de l'eau jusqu'au poitrail. Tout à coup, au beau milieu de la mare, le cheval que montait Boursin lui fondit entre les jambes, et le charretier tomba dans l'eau.

Ce fut avec beaucoup de peine que le bonhomme s'arracha du bourbier. Qu'on juge de sa surprise et de sa frayeur, lorsqu'il vit un petit nain assis sur le revers du talus, qui lui dit en ricanant :

« Ah ! ah ! t'es ben là,
« Dépatouille-ta ! »

Boursin chercha ses chevaux et n'en trouva plus que deux qu'il amena à son maître en lui contant son aventure.

Ce dernier alarmé de la perte de

son cheval, dit à son domestique :

– N'as-tu pas rêvé ? Retournons ensemble dans la pâture voir ce qu'est devenue la bête.

Ils s'y rendirent et aperçurent le cheval qui paissait tranquillement dans un coin du champ.

Hervé plaisanta son charretier qui lui jura ses grands dieux, qu'il avait monté un *cheval géant* qui l'avait jeté dans la mare.

Conté par Fine Daniel, fermière
au village du Houx,
dans la commune de Bruz.

Petit Jour

On apprit un jour, en Bretagne, que le pape venait de mourir, et qu'on faisait *à sçavoir,* dans le monde entier, à tous ceux qui se croyaient assez savants, et assez pieux, pour briguer l'honneur de le remplacer, qu'ils devaient se rendre, sans retard, à Rome, pour y subir les épreuves nécessaires à cet effet.

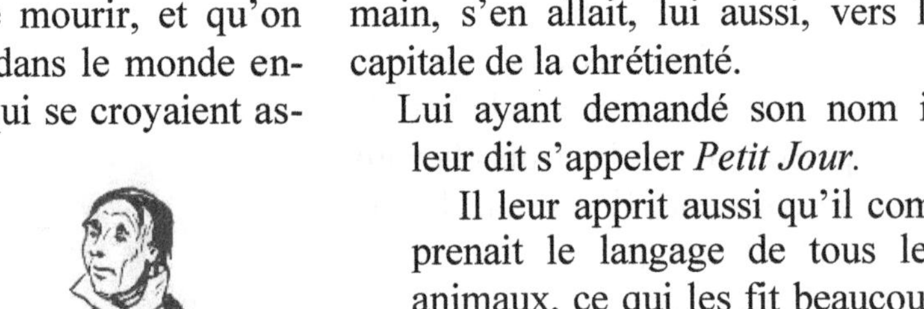

Deux jeunes gens, les deux frères, répondant à cette invitation, se mirent en route, et ne tardèrent pas à rencontrer un pauvre garçon, sorte d'illuminé, qui, son chapelet à la main, s'en allait, lui aussi, vers la capitale de la chrétienté.

Lui ayant demandé son nom il leur dit s'appeler *Petit Jour.*

Il leur apprit aussi qu'il comprenait le langage de tous les animaux, ce qui les fit beaucoup rire ; mais ils ne tardèrent pas à avoir la preuve de ce que *Petit Jour* avançait.

Ils eurent à traverser un étang dans lequel des grenouilles coassaient.

– Que disent ces bêtes ? demandèrent les deux voyageurs à leur compagnon.

– Elles chantent la mort d'une jeune fille qui s'est noyée il y a un mois.

Informations prises, le fait fut reconnu exact, ce qui remplit d'étonnement les deux frères.

Une nuit qu'ils couchaient dans une ferme, ils furent réveillés par un chien qui hurlait.

– Que dit donc encore cet animal qui nous réveille si mal à propos ?

– Il prévient que des voleurs s'approchent de la ferme pour la dévaliser.

Tout le monde fut debout dans un instant et put s'armer promptement, chasser les brigands qui venaient avec l'intention de mettre l'habitation au pillage

Enfin les voyageurs continuèrent leur route, et en arrivant près de Rome, ne furent pas peu surpris de s'entendre saluer par le chant mélodieux d'une bande d'oiseaux aux couleurs éclatantes.

– Qu'ont donc ces oiseaux à nous saluer ainsi ?

– C'est, répondit *Petit Jour,* qu'ils reconnaissent dans l'un de nous celui qui doit être élu pape.

– Lequel de nous désignent-ils ?

– Je ne sais pas encore, répondit le savant, qui s'était cependant aperçu que c'était à lui que s'adressaient les louanges des oiseaux du ciel.

Lorsqu'ils eurent pénétré dans la basilique de Saint-Pierre de Rome, et répondu aux questions qui leur furent posées, la couronne d'or suspendue à la nef, qui devait orner le front du représentant de Dieu sur la terre, vint se poser d'elle-même sur la tête de *Petit Jour,* qui n'était autre que saint Pabu, premier évêque de Saint-Pol-de-Léon.

Conté par Pierre Patard,
cultivateur à la Croix-Madame,
commune de Bruz.

Le tabouret du paradis

On raconte qu'un habitant de Guichen, étant mort, s'en alla à la porte du Paradis demander à saint Pierre de le laisser entrer dans le Ciel pour parler au bon Dieu.

– Notre Seigneur n'est pas là, en ce moment, répondit le grand portier. Attends un peu.

Le solliciteur, affaibli par la maladie qui l'avait fait quitter la terre, s'accroupit sur un tapis et, tout à coup, aperçut à ses pieds une clef en or, tombée sans doute du trousseau de Saint Pierre.

Il la prit, et, ayant regardé tout autour de lui, il vit une petite porte, avec une serrure dans laquelle la clef entrait parfaitement. Ayant ouvert cette porte, il se trouva dans la salle du trône, où le bon Dieu tient ses audiences, entouré des anges, qui ont chacun un tabouret d'argent.

La pièce étant déserte, le *Guichenas* (habitant de Guichen) eut l'idée de prendre, pour un instant, la place du Père Éternel.

Il ne fut pas plutôt assis sur le trône qu'il domina notre planète, et découvrit tout ce qui s'y passe. Il vit, notamment, des lavandières en train de faire leur lessive. Lorsqu'elles eurent étendu leur linge, sur les ajoncs d'un coteau, elles s'en furent prendre leur repas.

Un fin voleur, qui guettait ce moment, sortit de dessous un buisson, s'empara du linge, l'attacha avec des branches de genêts et se sauva.

Le bon Dieu intérimaire, scandalisé d'un pareil larcin, saisit l'un des tabourets d'argent, et le lança dans la direction du fripon.

Entendant du bruit, le bonhomme de Guichen descendit bien vite du trône, et retourna sur son tapis, laissant ainsi le bon Dieu et ses anges reprendre leur place.

Le Père Éternel s'aperçut aussitôt qu'un tabouret manquait ; il demanda à saint Pierre ce qu'il en avait fait.

– Absolument rien, répondit le portier. Aurait-il était dérobé, ajouta-t-il, par l'homme qui est à la porte et qui désire vous parler ?

– Fais-le entrer, dit le bon Dieu.

– Est-ce toi qui as pris le tabouret qui se trouvait à ma gauche ?

– Oui, mon Seigneur, je l'ai bien pris mais je ne l'ai pas gardé.

– Qu'en as-tu fait ?

– Je l'ai lancé à la tête d'un voleur qui s'emparait du linge des lavandières.

Le Père Éternel éclata de rire et dit :

« Peste ! comme tu y vas ; s'il me fallait assommer tous les voleurs qui sont sur la terre, pour le coup ce serait la fin monde. »

Conté par le père Gruel,
jardinier à Bruz

Le meneur de loups

A l'époque où il y avait quantité de loups dans nos bois, certains sorciers s'en rendaient maîtres, et se faisaient suivre, la nuit, par ces animaux qui étaient d'un dévouement incroyable pour les hommes qui avaient su les amadouer

En voici un exemple, qui vous sera certifié par les vieilles gens de la paroisse de Bruz qui, tous, l'ont entendu raconter dans leur enfance.

Un meneur de loups jura de se venger d'un fermier de Montival, qui lui avait attiré des désagréments. Ce dernier avait pour habitude de mettre, la nuit, ses chevaux à paître dans la prairie de la Planche, qui dépendait de sa ferme. Le sorcier, sachant cela, dit un jour, dans un cabaret, que la nuit suivante il mènerait ses loups se promener de ce côté. Le fermier en fut informé et, le soir, armé d'un fusil, il alla se cacher dans les branches d'un ormeau.

Le meneur de loups arriva, à son tour, avec sa meute. Il se mit à califourchon sur l'échalier du pré et dit à ses animaux :

– Allez, mes amis, et surtout choisissez le plus gras.

A peine eut-il achevé ces mots qu'il reçut un coup de feu qui l'étendit par terre. Fut-il tué ? On n'a jamais pu le savoir.

Au bruit de la détonation, les loups, au lieu de se sauver, revinrent près de leur maître et l'emportèrent aussitôt chez lui, au village du Houx, dans la commune de Bruz. Ils le montèrent dans le grenier où personne ne put pénétrer.

Le cadavre de cet homme n'a jamais été retrouvé.

On a toujours supposé que, pour devenir sorcier, il avait dû vendre son âme au diable, et que Satan était venu le prendre et l'emporter.

*Conté par M. de la Durantais,
maire de Bruz, qui tenait ce conte de
sa mère, décédée.*

La tête du mort

Il y a bien près de cent ans, une jeune femme vint s'offrir comme domestique dans une auberge de Pont-Péan, qui servait de pension à des employés de la Mine. Elle semblait honnête et fut acceptée.

Cette femme, étrangère au pays, était fort belle, mais d'une beauté étrange : ses yeux noirs, durs et brillants, semblaient lire jusqu'au fond de l'âme de ceux qu'elle regardait. Jamais elle ne riait ni ne plaisantait avec qui que ce soit, et semblait même sous l'empire de souvenirs pénibles.

Elle produisit une vive impression sur l'esprit d'un comptable de la Mine, qui en devint éperdument amoureux.

Il demanda sa main qu'elle refusa d'abord bien que ce fut un parti avantageux pour une servante.

Le jeune homme ne se découragea pas il redoubla d'attentions pour elle, et s'y prit de telle façon qu'il finit par vaincre sa résistance et la décida à l'épouser.

Le jour de la noce ayant été fixé, le fiancé alla, selon l'usage, inviter ses parents et amis à son mariage.

L'idée d'épouser cette belle fille, qu'il aimait de tout son cœur, le rendait fou de joie et, dans chaque maison où il entra, il accepta de boire et de trinquer à la santé de la nouvelle mariée ; aussi, en s'en revenant, était-il d'une gaîté extraordinaire.

En passant par un chemin creux, il mit le pied sur un gros caillou rond qui le fit trébucher.

– Toi aussi, dit-il au caillou, en éclatant de rire, je t'invite à ma noce.

A son grand étonnement, il entendit le caillou lui répondre :

– J'accepte ton invitation et tu peux être certain que j'assisterai à ton mariage.

Le jeune homme cessa de rire, se baissa et au lieu d'un caillou vit une tête de mort.

Ses cheveux se dressèrent sur sa tête, une peur effroyable s'empara de lui, et il se sauva à toutes jambes jusqu'à Pont-Péan.

Quand il arriva dans le village il était tard, et tout le monde dormait. Il rentra seul dans sa chambre où son sommeil fut agité jusqu'au lendemain matin ; mais lorsqu'il vit le jour pénétrer chez lui, il crut avoir fait un mauvais rêve et attribua à l'ivresse l'histoire de la tête de mort qu'il finit par oublier complètement.

La messe de mariage eut lieu à Bruz. Après la cérémonie, on alla manger *la beurrée* dans les divers cabarets du bourg et l'on ne revint à Pont-Péan que pour le repas.

C'était en octobre ; la nuit vient de bonne heure et, lorsque les invités entrèrent dans la grange où le festin devait avoir lieu, il faisait quasiment nuit. On alluma quelques quinquets fumeux apposés aux poutres.

Les servantes apportèrent les soupières pleines de soupe.

Lorsqu'on enleva le couvercle de celle qui avait été placée devant la mariée, il en sortit une tête de mort qui se mit à sauter sur la table autour des assiettes et des plats.

Les femmes jetèrent des cris perçants et se sauvèrent. La mariée eut une crise de nerfs, perdit connaissance, et l'on fut obligé de l'emporter chez elle. Aussitôt qu'on l'eut enlevée, la tête de mort disparut et les hommes, se rassurant les uns les autres, se remirent à table où ils furent rejoints par les bonnes femmes alléchées par l'odeur des mets qui parvenait jusqu'à elles.

Bientôt les têtes s'échauffèrent, car les mineurs boivent ferme, et les chants commencèrent.

Lorsque, vers dix heures, le marié put, sans contrarier ses amis, aller rejoindre sa femme, il rentra chez lui.

La pièce était dans l'obscurité la plus complète. Il avança doucement vers le lit, et appela sa bien-aimée par les noms les plus tendres. Personne ne lui répondit. Il approcha davantage et mit la main sur l'oreiller où il supposait que devait reposer une tête fraîche et charmante.

Il recula d'horreur : ses doigts s'étaient posés sur le crâne froid et glacé de la tête de mort.

— Ne crains rien, lui dit celle-ci :

il vaut mieux, pour toi, que tu me trouves ici que celle que tu cherches, qui est possédée du démon. Elle est partie au loin sans même songer au chagrin qu'elle allait te causer. Non, l'infâme n'est plus là. Elle a fui pour m'éviter, mais je saurai la rejoindre.

Je l'ai aimée plus que toi peut-être, cette misérable sans cœur et sans entrailles qui, après s'être donnée à moi, a voulu recouvrer sa liberté. Elle n'a pas hésité, pendant que je dormais à côté d'elle, à me trancher la tête à coups de hache.

Par d'habiles mensonges, elle a pu faire croire à son innocence et éviter le châtiment de son crime ; mais la tête qu'elle a coupée la poursuivra jusqu'à sa dernière heure.

Conté par Marie Patard,
de la Croix Madame, commune
de Bruz, âgée de 24 ans.

Les sorciers de Bruz

Le sabbat des sorciers n'existe plus dans nos campagnes ; mais les récits de ces rendez-vous nocturnes n'ont point été oubliés.

Tous les contes sur ce sujets se ressemblent aussi nous contenterons-nous de citer les suivants.

I

Au temps jadis, les sorciers des environs de Rennes avaient l'habitude de se réunir, pour danser, au carrefour de la Croix-Madame, dans la commune de Bruz. Pour s'y rendre, de n'importe quel endroit où ils se trouvaient, il leur fallait s'enduire le corps de la graisse d'un enfant nouveau-né, immolé à cet effet, et prononcer la formule suivante :

Par-dessus has,
Par-dessus bois,
Olmont (le long) de la cheminée
J'm'en vas !

Un soir, les sorciers rencontrèrent sur leur chemin une vieille charrette hors de service, et dans le but de rire un brin, ils eurent l'idée de la graisser de leur onguent et de dire:

A travers has
A travers bois
J'm'en vas !

Aussitôt le véhicule les suivit ; mais au lieu d'aller par-dessus les haies et les buissons, il brisa tout sur son passage. Malgré les obstacles qu'il rencontra, il arriva au carrefour de la Croix-Madame en même temps que les sorciers et se mêla à leur danse.

A chaque instant l'on entendait crier :

– *Gare au timonet ! gare au timonet !*

Ceux, qui ne se rangeaient pas assez vite, étaient frappés et renversés par le timon de la charrette.

*

Une autre fois une sorcière, se rendant au sabbat, fut épiée par sa servante, qui voulut savoir ce qui lui arriverait en l'imitant. Elle se frotta le corps comme elle avait vu faire, et dit :

A travès has,
A travès bois,
A travès la cheminée
J' m'en vas !

La malheureuse partit en effet ; mais elle arriva dans un état lamentable, les mains et le visage déchirés, le corps meurtri et les vêtements en lambeaux.

Les sorciers, surpris de la voir dans un pareil état, lui demandèrent ce qu'elle avait fait. Elle leur répéta les paroles qu'elle avait prononcées. Tous se mirent à rire en lui expliquant ce qu'elle aurait dû dire. Néanmoins ils l'admirent à danser avec eux

II

Un petit garçon, passant à la Croix-Madame, s'arrêta pour voir les sorciers danser, et surtout pour écouter leur musique.

– Vous avez *ben* du jeu, leur dit-il, je voudrais faire comme vous, et surtout avoir votre musique.

– Tiens, lui répondit l'un d'eux, en voici une qui pourra te divertir et même te servir un jour.

Il lui donna son propre violon.

L'enfant alla rejoindre ses camarades, et, du plus loin qu'il les aperçut, il leur cria :

– Arrivez, les gars, que je vous joue un air de violon.

Il n'eut pas plus tôt promené l'archet sur les cordes de son instrument que tous les moutards se mirent à danser, ce qui fit beaucoup rire le musicien.

Continuant son chemin, il aperçut un nid de pies dans le haut d'un arbre et voulut le dénicher.

Malgré tous ses efforts il n'y pouvait parvenir, lorsque le curé de la paroisse vint à passer par là.

– Que fais.tu là mon petit *gas* ?

lui demanda-t-il.

– Je voudrais dénicher ce nid de pies, et je vois que j'en suis incapable.

– Ah ! mes pauvres enfants, vous ne savez plus grimper aux arbres à présent. De mon temps nous étions bien plus agiles Tiens, descends, je vais te le dénicher.

Le prêtre grimpa dans l'arbre et allait arriver à s'emparer du nid, lorsque l'enfant eut l'idée de jouer du violon.

Aussitôt, le curé dégringola plus vite qu'il n'aurait voulu, et tomba dans une broussée d'épines et de ronces, au milieu desquelles il se mit à se trémousser, déchirant sa soutane et se mettant les mains et la figure en sang.

– Petit malheureux, lui cria-t-il, c'est un tour que tu m'as joué, mais tu me le paieras.

III

A quelque temps de là, la mère de l'enfant alla à confesse et le curé lui raconta son aventure.

De retour chez elle, la paysanne gronda son fils et voulut le corriger à coups de bâton : mais lui, prenant son violon, fit sauter sa mère comme il avait fait sauter M. le curé.

Furieuse de voir que son enfant était sorcier, elle alla quérir les gendarmes pour l'en débarrasser. Lorsque ceux-ci arrivèrent, il réussit à les faire danser comme les autres. Ils voulurent lui prendre son violon sans pouvoir y parvenir.

– Marchez devant moi, dit-il aux gendarmes, je vous suivrai jusqu'à Rennes.

En effet, il les accompagna jusqu'à la porte de la prison où les habitants du quartier sortirent dans la rue pour voir ce garçon que les gendarmes conduisaient au cachot.

Le prisonnier accorda son instrument et mit tout le monde en danse. Malheureusement la plaisanterie dura trop longtemps.

La foule se fâcha, se rua sur lui et, finalement, le poussa dans la prison.

Il ne tarda pas à être jugé, et fut condamné à être brûlé vif comme sorcier.

Amené sur la place des Lices, à Rennes, où le bûcher avait été dressé, on lui dit de formuler un dernier désir et qu'on lui accorderait tout ce qu'il demanderait.

– Qu'on me rende, pour un instant mon violon, répondit-il.

On alla le lui chercher, et, aussitôt qu'il l'eut entre les mains, il se mit à jouer, et tous les assistants, y compris le bourreau et ses aides, se mirent à danser.

Profitant du trouble et de l'hilarité générale, il se sauva sans qu'on pût l'arrêter, et jamais plus on ne le revit dans le pays.

IV

Une femme, qui courait le garou, s'en allait la nuit danser avec les sorciers. En partant elle chantait :

En passant par-dessus has et buissons,
J' m'en vas rejoindre mes compagnons.

Une nuit que son mari était éveillé, il l'aperçut qui prenait, dans une petite niche cachée dans le fond du lit, un pot renfermant une pommade avec laquelle elle se frotta le corps.

Aussitôt l'opération terminée, elle disparut comme par enchantement, sa voix seulement se fit entendre dans les airs :

En passant par-dessus has et buissons,
J' m' en vas rejoindre mes compagnons.

Intrigué, il se leva et examina la pommade. Je ne veux pas aller rejoindre ma femme, pensa-t-il, mais je puis employer cette pommade à graisser ma charrette qui en a grand besoin.

Aussitôt que le véhicule fut

graissé, il s'ébranla et bientôt franchit les haies et les buissons. Le paysan courut après, et arrivé dans un carrefour il vit une bande de sorciers, hommes et femmes, complètement nus, qui dansaient autour de sa charrette.

Le bonhomme, indigné d'un tel spectacle, rentra chez lui et se tint sur le seuil de sa porte pour voir revenir sa femme.

Il l'attendit longtemps. Soudain, il vit un chat, qu'il ne connaissait pas, et qui venait de son côté. Prenant un fouet, il le frappa de toutes ses forces, et l'atteignit au nez d'où le sang coula.

Malgré cela, le chat se glissa dans la maison et, lorsque le paysan se retourna, il vit sa femme qui remettait, dans le fond du lit, un pot renfermant une pommade qui, sans doute, lui avait servi pour se métamorphoser en chat.

Son mari lui demanda d'où elle venait. Elle ne répondit pas ; mais il vit qu'elle avait une large éraflure sous le nez. Ce doit être mon coup de fouet, lui dit-il.

Elle baissa la tête mais n'articula pas un mot.

A partir de ce jour, la malheureuse cessa d'aller, la nuit, courir le garou, ce qui prouve, une fois de plus ajouta la bonne femme de Bruz qui nous racontait ce conte, qu'il suffit de faire couler le sang d'une personne pour la guérir de courir la nuit.

Conté par Fine Daniel,
fermière au Houx,
commune de Bruz.

La dame du château aux quatre piliers d'or

I

Il y avait une fois un pauvre homme qui avait autant d'enfants qu'il y a de trous dans un crible, et sa femme, encore enceinte, lui en promettait, sans doute, beaucoup d'autres.

Comme il était dans une misère extrême, il se demandait s'il trouverait un parrain et une marraine pour nommer son prochain enfant et quelqu'un pour sonner les cloches le jour du baptême.

Le malheureux se lamentait, lorsqu'il rencontra une belle dame qui lui demanda la cause de son chagrin.

– Hélas ! dit-il, j'ai eu tant d'enfants que je ne sais plus à qui m'adresser pour trouver un parrain et une marraine pour nommer le nouvel être que ma femme doit bientôt mettre au monde, et quelqu'un qui consente à sonner les cloches à son baptême.

– Rassurez-vous, brave homme, répondit-elle, je serai la marraine de cet enfant auquel il ne manquera rien. Lorsqu'il sera né vous demanderez la demeure de la dame du château aux quatre piliers d'or, et vous viendrez me prévenir de l'événement.

Le bonhomme, satisfait, s'en retourna chez lui et apprit à sa femme la rencontre qu'il venait de faire. Celle-ci fut ravie à son tour, et ne tarda pas à donner le jour à un garçon.

Le père s'enquit de la demeure de la dame du château aux quatre piliers d'or, et on la lui indiqua.

C'était un palais, une merveille que la résidence de cette grande dame qui se rendit aussitôt à l'église pour tenir son filleul sur les fonts baptismaux. En voyant une aussi belle et aussi riche personne, c'est à qui voulut être parrain du nouveauné. La cérémonie terminée, la dame demanda au sonneur de cloches ce qu'elle lui devait.

– Ce que vous voudrez, madame.

Connaissant son avarice, elle lui donna deux sous, au grand désappointement de l'homme qui avait d'abord refusé de prêter son concours.

L'enfant avait reçu le prénom de Jean. Sa marraine dit aux parents :

– Gardez près de vous votre fils, soignez-le bien jusqu'à ce qu'il ait atteint l'âge de sept ans, époque à laquelle je me chargerai de son éducation.

Ces recommandations furent exécutées et quand petit Jean — c'est ainsi qu'on l'appelait — eut sept ans, sa marraine vint le chercher, et l'emmena dans son château.

II

Lorsque le jeune garçon fut habitué à son nouveau genre de vie, sa marraine lui dit :

– Te voilà presque devenu un homme, et il est temps que je sache quelle confiance je puis avoir en toi : voici sept clefs, ouvrant sept armoires, lesquelles renferment des objets rares. Dans six d'entre elles tu pourras prendre ce qui te fera plaisir ; mais quant à la septième, qui s'ouvre avec la plus petite des clefs, tu n'y toucheras pas ou tu aurais à t'en repentir.

Jean s'empressa d'aller visiter les six armoires qu'il pouvait ouvrir, et fut ébloui des superbes choses qu'elles renfermaient.

« La septième armoire, pensait-il, doit contenir des merveilles. Pourquoi m'empêche-t-on de l'ouvrir ? »

Pendant plusieurs jours, il se contenta d'examiner en détail le contenu des six armoires mises à sa disposition ; mais, bientôt, succombant à la tentation, il saisit la plus petite des clefs, et ouvrit la septième.

Aussitôt une bague en argent — le seul objet qui se trouvait dans cette armoire — vint se placer d'elle-même au petit doigt de Jean, qui chercha à l'ôter sans pouvoir y réussir.

Il se rendit à la cuisine, et pria une servante de l'aider à s'en débarrasser. Celle-ci n'y parvint pas davantage.

– Je ne vois qu'un moyen, dit-elle, c'est de vous entourer le doigt d'un linge pour dissimuler la bague, et de dire à votre marraine que vous vous êtes blessé.

Lorsque cette dernière aperçut le linge enveloppant le petit doigt de son filleul, elle lui demanda ce qu'il avait.

– Presque rien, répondit-il, une simple écorchure.

– Tu ne dis pas la vérité. Ote ce linge qui cache la bague que tu as au doigt.

Jean, tout en pleurs, avoua sa faute, et supplia sa marraine de lui pardonner.

– Pour cette fois, j'y consens ; mais ne recommence pas.

III

Une année s'écoula sans qu'aucun incident sérieux ne vint altérer la bonne harmonie qui existait entre la marraine et le filleul.

La dame du château aux quatre piliers d'or annonça, un jour, qu'elle allait partir en voyage. Elle remit à Jean sept autres clefs qui ouvraient les écuries.

– Tu pourras, lui dit-elle, monter tous les chevaux qui se trouvent dans six de ces écuries. Quant à la septième, s'ouvrant avec la plus petite clef, et qui renferme la jument dont je me sers, je te défends d'y entrer. Si, cette fois, tu me désobéis, je ne te pardonnerai pas, et te punirai sévèrement.

Jean promit de se conformer aux recommandations de sa marraine.

Lorsque celle-ci fut partie, il choisit, chaque matin, pour aller se promener, l'une des bêtes qui lui plaisait le mieux.

Malgré sa joie, souvent il se disait :

– Qu'elle doit être superbe la jument de ma marraine, et que j'aimerais à la voir. Non, non, n'y pensons pas.

Et cependant il y songeait sans cesse.

Après avoir longtemps ré-

sisté. la curiosité devint une obsession plus forte que sa volonté, et il pénétra dans la septième écurie.

Une jument noire, sans pareille, s'y trouvait. Elle fit au jeune garçon toutes sortes de caresses et sembla l'inviter à la monter.

Comme elle était sellée et bridée, il sauta dessus et partit, au galop, faire un tour dans le parc du château.

Soudain, la bête s'arrêta et lui dit :

– Malheureux garçon si j'exécutais les ordres de la fée ta marraine — car elle est fée, tu l'ignorais sans doute — je te briserais la tête en te lançant contre un tronc d'arbre. Je ne le fais pas parce que j'ai pitié de ton jeune âge. La colère de la fée sera terrible, si elle nous retrouve ici. Crois-moi, fuyons au plus vite, car elle sait déjà, à l'heure qu'il est, que nous avons enfreint ses ordres.

– Partons, répondit Jean.

– Retournons d'abord à l'écurie, pour que tu prennes mon étrille et ma brosse, dont nous aurons peut-être malheureusement besoin.

Jean s'empressa de faire ce que lui recommandait la jument, et après cela, celle-ci partit au galop, dévorant l'espace, comme si elle était poursuivie par un loup.

Bientôt, en effet, elle se mit à trembler et dit à son cavalier :

– Regarde derrière toi, si tu n'aperçois rien ?

Jean détourna la tête et poussa un cri d'effroi.

– Ma marraine nous poursuit, gagne de vitesse sur nous, que faire ? que faire ?

– Jette l'étrille dans sa direction.

Immédiatement des arbres sortirent de terre, formant une forêt remplie de ronces et de lianes infranchissables, qui obligèrent la fée à en faire le tour.

Pendant ce temps-là, la jument continua sa course échevelée sans se reposer un seul instant.

Tout à coup, elle se mit encore à frémir de tous ses membres, et reprit :

– Regarde derrière toi, si tu n'aperçois rien ?

– La voici, la voici, s'écria Jean.

– Jette la brosse bien vite.

Aussitôt un bruit effroyable se fit entendre, et une montagne, s'élevant à une hauteur prodigieuse, sépara la fée des voyageurs.

Ceux-ci ne tardèrent pas à faire leur entrée dans la capitale d'un royaume, où ils n'avaient plus à craindre leur ennemie.

IV

– Comment allons-nous vivre ? demanda Jean à la jument noire. Nous sommes partis si précipitamment que j'ai oublié ma bourse.

– Enlève les fers qui sont sous mes pieds et qui sont en or. Tu iras les vendre, et le prix que tu en obtiendras suffira à nos besoins pendant longtemps.

Jean trouva un orfèvre qui ne le vola pas trop, et ils purent ainsi, lui et sa bête, vivre tranquillement sans se préoccuper de l'avenir.

Dans une de leurs promenades, la jument fit remarquer à son cavalier qu'il ne pouvait rester à rien faire, que l'ennui s'emparerait de lui. « Tu as reçu de l'instruction, ajouta-t-elle, tu es bien de ta personne, il faut aller offrir tes services au roi. »

Jean sollicita une audience du souverain qu'il eut le bonheur de charmer par son savoir et sa bonne mine ; aussi fut-il admis, sur-le-champ, dans le personnel du palais.

Grande fut un jour sa surprise, en apercevant sa marraine en grande conversation avec le roi, et en apprenant qu'ils étaient fiancés et sur le point de se marier. Son effroi fut plus grand encore, lorsque son maître l'appela pour le présenter à sa future.

Celle-ci sembla ne pas le reconnaître, et répondit au roi qui insistait pour qu'elle fixât promptement la date de leur mariage :

– La noce aura lieu, lorsque votre serviteur, ici présent, aura fait venir mon château aux quatre piliers d'or, près de votre palais.

Le souverain, bien que surpris d'une pareille idée, ordonna néanmoins à Jean d'exécuter sans retard ce qu'il venait d'entendre.

Le pauvre garçon s'inclina, en pâlissant, et alla conter son embarras à sa fidèle jument, qui le consola, et lui dit :

– Rends-toi immédiatement au château. Dis aux quatre domestiques qui en ont la garde, et que tu connais, que ta maîtresse t'a pardonné, que tu reviens au milieu d'eux. Sous prétexte de fêter ton retour, emmène-les au cabaret, et tâche de les enivrer afin d'arriver à connaître comment on peut faire changer de place le château.

Jean exécuta, de point en point, les conseils de la jument, et après force rasades, il apprit des domestiques, que chacun d'eux avait la garde d'un pilier d'or qui reposait sur une roue, et qu'il suffisait de les mettre en mouvement, tous les quatre en même temps, pour diriger le château où l'on voulait le conduire.

Jean manifesta, avec intention, des doutes sur la possibilité de déplacer un édifice aussi considérable. Les buveurs, entêtés comme des hommes pris de boisson, proposèrent de lui prouver qu'ils avaient raison.

Lorsque le filleul de la fée fut

suffisamment renseigné, il ramena les gardiens au cabaret, leur offrit de nouveau à boire, et les mit hors d'état de s'opposer à son dessein.

Profitant donc de leur ivresse, il retourna au château, se fit aider par des valets subalternes auxquels il dit qu'il agissait d'après les ordres de sa marraine, et conduisit le château aux quatre piliers d'or, près du palais du souverain.

V

Le lendemain matin, en se réveillant, le roi fut agréablement surpris d'apercevoir le château de sa fiancée. Il la fit prévenir aussitôt de l'heureuse nouvelle, la suppliant de fixer la date de leur mariage.

– Ce jour sera fixé, répondit-elle, lorsque vous aurez fait trancher la tête à petit Jean qui m'a désobéi deux fois.

Heureusement que ce dernier avait entendu la conversation qui venait d'avoir lieu entre le roi et sa fiancée. Il alla bien vite trouver la jument noire, pour lui raconter ce dont il était menacé.

– Rassure-toi, lui dit-elle, ce ne sera pas toi, mais ta marraine qui aura la tête tranchée. Cette méchante fée, afin d'épouser mon père, a fait mourir un jeune prince mon fiancé, et moi, m'a changée en bête.

Heureusement l'époque de ma métamorphose vient d'expirer, et le roi saura de quels forfaits est capable celle dont il veut faire une reine.

Soudain les ténèbres les enveloppèrent et, bientôt, avec le retour du soleil, à la place de la jument, apparut aux yeux éblouis du jeune homme une ravissante jeune fille. Elle tendit la main à Jean, en lui disant :

– Conduis-moi près de mon père auquel je vais raconter les infamies de sa fiancée.

Lorsque le roi revit celle qu'il avait tant pleurée, et qu'il croyait à jamais perdue, il la pressa sur son cœur, et écouta, en versant des larmes de rage, le récit de sa chère enfant.

Il fit arrêter la dame du château aux quatre piliers d'or, et ordonna qu'on lui tranchât immédiatement la tête.

Jean resta au palais, devint le favori du roi, et épousa bientôt la princesse.

Conté par Marie Patard,
de Bruz, âgée de 20 ans.

Notre-Dame des potiers

On rencontre dans la commune de Chartres, près Rennes, une petite chapelle située dans la campagne, au sud et à quelque distance du bourg. Elle renferme une statue de la Vierge appelée *Notre-Dame des Potiers.*

A l'époque où l'on confectionnait, dans cette paroisse, des poteries artistiques, que les archéologues se disputent aujourd'hui, on attribuait à la statue de Notre-Dame des Potiers le pouvoir de préserver les fabriques du feu. Jamais, assure-t-on encore, aucune d'elles ne fut incendiée.

La Vierge des Potiers apparut un soir, la veille de Noël, sous la forme d'une belle dame, à un potier conduisant ses marchandises à Châteaugiron.

Ce dernier devenu riche, avait oublié son origine misérable. Il était dur envers ses ouvriers, s'enivrait fréquemment, et blasphémait à tout propos le saint nom de Dieu.

– Où allez-vous ainsi ? lui demanda la Vierge.

– A Châteaugiron, vendre mes produits.

– Etes-vous bien certain d'y arriver ?

– Que t'importe ? lui répondit-il

malhonnêtement, passe ton chemin, je n'ai pas besoin de tes services.

Et il blasphéma de nouveau le nom de Dieu.

Il arrivait à ce moment au pont de l'Epront, sur la rivière la Seiche, profonde en cet endroit, et qui coule sur un lit de limon et de vase. Le cheval, effrayé par les cris de son maître et le bruit de l'eau frappant sur les arches du vieux pont romain, fit un écart et tomba dans la rivière entraînant, dans sa chute, chariot et conducteur.

Tous les efforts de celui-ci, pour sortir de la rivière, furent inutiles. Ses cris et ses appels ne furent pas entendus des paysans qui se rendaient à la messe de minuit. Le malheureux crut sa dernière heure arrivée, et, entendant dans le lointain les cloches de l'église, il se rappela sa mère, son enfance, puis la puissance si grande de la Vierge des Potiers. Il invoqua celle-ci du plus profond de son cœur, se repentit de ses péchés, jura de se corriger et fit vœu, s'il échappait à la mort, d'élever à Chartres une chapelle à la Vierge

O miracle ! son appel est entendu, la foudre éclate, le tonnerre tombe sur la rive droite de la Seiche, en détache un lambeau qui roule dans l'eau, formant une chaussée solide qui permet au cheval de remonter sur la route.

Le potier changea de conduite et, fidèle à sa promesse fit édifier une chapelle qui est tombée en ruines vers 1817. Elle a été remplacée par le petit édicule, dont il est question au commencement de cette légende, construit près d'une mare qui occupe la place de l'antique sanctuaire.

Conté par M. Châtel,
fabricant de chaux à la
Chaussairie,
commune de Chartres.

L'avare

Un vieil avare avait sa femme bien malade et ne lui donnait aucun soin.

Lorsqu'elle fut à la dernière extrémité, il eut tout de même peur que ses voisins l'accusassent de l'avoir tuée, et il fit venir le médecin.

La pauvre vieille marmottait entre ses dents :

– *J'baïrais ben un coup de vin ; j'baïrais ben un coup de vin.*

Le médecin qui ne comprenait pas demanda au mari.

– Que dit-elle ainsi ?

– *J'fil'rais ben du brin ; j'fil'rais ben du brin* (Grosse filasse).

– Ma pauvre femme dit le guérissou, vous n'êtes pas en état de filer.

– *J'baïrais ben un coup de vin*, répétait la pauvre femme, *j'baïrais ben un coup de vin.*

– C'est inutile, vous ne le pourriez pas.

« Votre femme est bien malade, mon brave homme, dit le médecin en se tournant vers le vieillard ; elle est surtout très faible et il faudrait lui donner des œufs dans son bouillon. »

– Oui, monsieur le guérissou, *j'li donnerons du bouillon d'œufs.*

Quand le médecin fut parti, le vieil avare mit des œufs à bouillir, les mangea et fit boire l'eau à la malade.

La pauvre vieille à un pareil régime ne tarda pas à s'en aller dans le royaume des taupes, au grand contentement de l'avare qui regrettait jusqu'à l'eau qu'il donnait à sa malheureuse femme.

Conté à Paul Sébillot
par Fine Daniel, de Bruz.

Le tour de lit

Une fille de la commune de Saint-Senoux fut à confesse à son curé et s'accusa d'avoir pris un tour de lit.

— Il faut le rendre, mon enfant, lui dit le prêtre.

— Je n'ose le porter.

— S'il en est ainsi, apportez-le moi au presbytère, et je ferai la restitution.

— Je vous remercie bien ; ce sera un grand service me rendre. Je vous le porterai demain.

De retour chez lui le curé dit à sa servante :

— Une fille doit m'apporter un objet que je ne connais pas. Si je ne suis pas là, vous ne regarderez pas ce que c'est et vous le montrerez dans ma chambre.

Dès le lendemain matin, pendant que le curé disait sa messe, la fille se rendit au presbytère et remit à la domestique un panier fermé pour monsieur le curé.

Lorsque celui-ci rentra, sa chambrière lui dit :

— J'ai porté dans votre appartement un panier très lourd qu'une jeune fille m'a remis pour vous.

Le naïf pasteur alla ouvrir le panier et découvrit, devinez quoi ? Un enfant nouveau né.

Il comprit alors seulement ce que c'était qu'un tour de lit.

Le dimanche suivant, il dit en chaire :

– Les filles qui auront pris des tours de lit sont priées de les garder chez elles et de ne plus les apporter au presbytère.

Conté à Paul Sébillot
par Fine Daniel, de Bruz.

Table des contes